Emmanuel Jousset

Boite à outils pour votre Bien-être:

Emmanuel Jousset

Boite à outils pour votre Bien-être:

soixante douze exercices pour évacuer votre stress

Éditions Vie

Imprint
Any brand names and product names mentioned in this book are subject to trademark, brand or patent protection and are trademarks or registered trademarks of their respective holders. The use of brand names, product names, common names, trade names, product descriptions etc. even without a particular marking in this work is in no way to be construed to mean that such names may be regarded as unrestricted in respect of trademark and brand protection legislation and could thus be used by anyone.

Cover image: www.ingimage.com

Publisher:
Éditions Vie
is a trademark of
International Book Market Service Ltd., member of OmniScriptum Publishing Group
17 Meldrum Street, Beau Bassin 71504, Mauritius

Printed at: see last page
ISBN: 978-613-9-58863-3

Préface

Des exercices simples pour démarrer, accompagner ou conclure votre journée chacun de nous en cherche. Il en existe de nombreux qui sont proposés sur la toile en particulier. Mais alors pourquoi en plus cette boite à outils que je vous propose. Tout d'abord parce qu'une boite à outils respecte votre liberté : vous l'utilisez comme bon vous semble suivant votre besoin et votre humeur. A la différence de ce qui est proposé le plus souvent, ici c'est vous qui décidez. Vous êtes maître à bord et non à devoir suivre servilement une quelconque méthode déposée par un soi-disant spécialiste du bien-être.

J'ai constaté que la plupart des méthodes de bien être ne vous croient pas capable de faire vous-même, sans vous contraindre, le chemin de votre bien être. Moi au contraire, je crois en votre capacité à savoir ce qui est bon pour vous-même.

Bien sûr après avoir fait le petit travail de parcourir ma boite. Si vous préférez un guru, allez le chercher sur le net, je ne suis pas votre homme.

Voyez mes outils. Ce sont essentiellement des exercices. Essayez-les, adoptez ceux qui vous vont, vous plaisent, sont à votre portée, dans vos cordes, sont faciles d'accès avec votre tempérament ou vos manières de faire. A vous de voir si vous en utiliser un ou plusieurs de manière régulière ou ponctuelle. Vous êtes maîtres à bord et tout à fait capables de bien les utiliser. C'est mon point de vue en vous proposant ma Boite à outils pour votre Bien être.

Enfin avant que vous ne parcouriez cette boite à outils je voudrai enfin parler avec vous du Bien-Être.

Je ne sais comment vous le voyez. Pour moi je considère qu'il est un devoir que nous avons envers nous-même, devoir non de nous donner un bonheur, forcément infantile s'il se veut permanent, mais par contre devoir d'être un jardinier. Avec les outils que je vous propose, j'ai essayé de sélectionner les plus simples, l'essentiel est de cultiver, par des exercices plus ou moins quotidiens, je vous le souhaite, notre capacité à être pleinement humain. La vie nous a été donnée et nous sentons qu'il nous faut agir pour que notre merveilleux instrument, notre être, nous lui donnions la possibilité de traverser l'existence au mieux de ses capacités.

La vie, dans le monde où nous sommes chacun, n'est pas toujours facile, ce qui nous rappelle que rien n'est dû, que nous avons chaque jour à conquérir ce qu'il nous fera du bien. Car nous avons besoin d'être dans le bien-être plus que le « bien-avoir ». Nous sommes et nous voulons être, vous et moi, des êtres qui ne passent pas à côté de leur vie, en étant trop passifs ou aveuglés par les évolutions de notre monde quelles qu'elles soient positives ou négatives.

Cette **boite à outils pour votre bien-être** que j'ai conçue entend être une réserve d'outils, pas plus, parmi ceux que vous allez décider d'utiliser pour votre quotidien.

Bon travail de jardinier de votre bien-être. Chère lectrice, cher lecteur

Vous allez consulter la table des matières et vous reportez directement à l'exercice qui vous convient et l'effectuez avec ou sans la préparation qui vous est proposée pour chaque type d'outil, selon le temps dont vous disposerez.

Outil 1 : Automassage (X)

Présentation

Bon ce n'est peut-être pas le meilleur outil un soir où vous êtes une vraie pelote de fils électriques des cheveux aux orteils. Les masseurs peuvent se montrer plus efficaces que cet outil, il suffit chez eux de s'allonger et de fermer les yeux. Si c'est votre truc, prenez votre téléphone ou ouvrez mon livre à un autre outil – voir plus bas. Mais si vous voulez bien apprendre à vous occuper de vous, suivez-moi. Non vous n'allez pas vous taper la tête contre les murs. Il y a mieux à faire. Découvrez les zones de votre corps qui sont vraiment très sollicitées et comment en quelques gestes simples (se prendre le pied ou la nuque, les épaules ou le ventre) vous pouvez vous-même vous soulager. Se masser une partie du corps – et pourquoi jour après jour s'occuper peu à peu de tout son corps ? – s'est reprendre contact avec son soi, s'aimer un peu en quelque sorte, se réconcilier avec une partie de vous qui ne demande qu'à vivre.

PREPARATION (X) avant chaque massage

Étalez un peu de lait corporel ou de lotion sur vos mains – sauf si vous êtes loin de chez vous pour pratiquer ce massage. Dites bonjour à vos mains ; elles ont été fabriquées spécialement pour vous en un seul et unique exemplaire. Elles sont un outil à votre disposition, particulièrement bienveillant car vous pouvez les habiter d'amour. Ressentez leur chaleur : si nécessaire réchauffez les par contact avec votre corps (sous les aisselles par exemple).

OUTIL 1.1 : Automassage de la tête (X)

L'EXERCICE (X)

- Asseyez-vous à genoux sur vos talons ou sur votre chaise. Commencez par placer vos doigts croisés sur votre nuque et bougez la tête de haut en bas, de droite à gauche puis de gauche à droite – environ deux minutes.
- Placez vos deux mains latéralement à plat sur votre cuir chevelu et effectuez des petits mouvements pour faire bouger votre scalp – hugh ! – deux minutes environ.
- Continuez en vous « séchant » les cheveux avec le bout des doigts doucement puis plus énergiquement.
- Placez maintenant le bout des doigts au centre du front puis glissez-les latéralement vers les tempes.
- Même mouvement depuis le nez et les lèvres vers les côtés du visage.
- Placez enfin les pouces à plat sur les tempes et tournez doucement dans le sens des aiguilles d'une montre.
- Finissez par une bonne friction et soufflez comme un phoque.

BIENFAITS :

Cet automassage est à pratiquer chaque fois que vous sentez qu'un mal de tête se prépare ou est là et aussi pour couper en fin de journée avec la fatigue.

OUTIL 1.2 : Automassage du ventre (X)

L'EXERCICE (X)

- Asseyez-vous à genoux sur vos talons ou sur votre chaise.
- Relâchez le ventre.
- Posez vos mains à plat, doigts à l'horizontal, l'une au-dessus du nombril l'autre au-dessous du nombril.
- Puis lentement commencez une course poursuite de vos deux mains dans le sens des aiguilles d'une montre au tour de votre nombril – 2 à 3 minutes – en massant le ventre.
- Puis continuez avec les poings fermés.
- Ensuite saisissez la peau du ventre à pleine main avec vos deux mains et tirez bien.
- Finissez en posant vos deux mains à plat immobile sur votre ventre au-dessus et en dessous du nombril.

BIENFAITS :

Le ventre est votre centre vital, appelé aussi Hara, notre deuxième cerveau. Par ce massage vous vous recentrez sur vous, en sortirez plus fort, plus équilibré.

OUTIL 1.3 : Automassage de la poitrine (X)

L'EXERCICE (X)

- Asseyez-vous sur vos talons au sol ou sur votre chaise.
- Placez vos deux mains à plat sur les deux côtés de votre poitrine et massez en cercles concentriques, légèrement puis plus intensément.
- Si cela vous fait du bien, émettez un sa bouche ouverte qui fasse vibrer votre poitrine un bourdonnement ou un son comme « om ».
- Tapotez votre poitrine en tous points dans le sens des aiguilles d'une montre avec vos poings légèrement fermés.
- Terminez en vous inclinant tête au sol ou vers le sol et cette fois tapotez avec vos poings votre dos en tout endroit que vous pouvez atteindre.

BIENFAITS :

Vous avez besoin de dissoudre les tensions dans votre poitrine qui vous empêchent de respirer librement. Vous allez voir que votre poitrine va jour après jour devenir un vrai accordéon, surtout en largeur, dont vous aurez plaisir à jouer pour vous détendre.

OUTIL 1.4 : Automassage des épaules (X)

L'EXERCICE (X)

- Asseyez-vous à genoux sur vos talons ou sur votre chaise.
- Placez votre main droite sur l'épaule gauche – ou l'inverse pour les gauchers.
- Commencez à saisir votre épaule gauche comme pour lui serrer la main – ou l'inverse pour les gauchers.
- Triturez-la avec amour pendant que vous haussez et abaissez l'épaule massée-2 à 3 minutes.
- Saisissez maintenant votre autre épaule avec votre main, serrez-lui la main, triturez-la avec amour, haussez et abaissez-la.
- Tapotez maintenant avec des petites claques tout votre épaule en croisant : main droite – épaule gauche puis inversion (pour les gauchers vous avez compris).
- Finissez en posant la main droite sur l'épaule gauche et en même temps la main gauche sur l'épaule droite quelques instants.

BIENFAITS :

Nous disons en en avoir plein le dos, les japonais disent en avoir plein les épaules. Ils n'ont pas tort c'est là souvent que nous accumulons le stress. Ce massage va vous détendre en profondeur.

OUTIL 1.5 : Automassage des mains (X)

L'EXERCICE (X)

- Asseyez-vous à genoux sur vos talons au sol ou sur votre chaise.
- Saisissez votre main gauche – ou votre main droite pour les gauchers-au niveau du poignet avec votre autre main et pressez la main depuis le poignet jusqu'au bout des doigts par petites pressions successives des doigts.
- Pressez avec le pouce dans la paume de l'autre main au creux de la paume et changez de main.
- Saisissez le pouce d'une main avec l'autre main à pleine main : appuyez, tournez doucement puis tirez sur le doigt.
- Pincez le bout de chaque doigt entre le pouce et l'index de l'autre main.
- Recommencez avec l'autre main.
- Secouez chaque main à tour de rôle comme si vous vous étiez brûlé la main ou pour supprimer des fourmis.

BIENFAITS :

Nous ne nous occupons pas assez de nos mains pourtant elles sentent tout avec acuité si nous savons les écouter. Alors s'en occuper ne peut que nous faire du bien.

OUTIL 1.6 : Automassage du dos (X)

L'EXERCICE (X)

- Asseyez-vous au sol sur vos talons ou sur votre chaise.
- Donnez-vous de petites claques dans le haut du dos avec votre main droite puis avec votre main gauche en croisant main droite – épaule gauche, main gauche – épaule droite puis intensifiez un peu les claques. Faites la même chose avec votre autre main.
- Saisissez la peau du dos à pleine main et tirez dessus en plaçant votre coude opposé à la hauteur de votre visage
- Faites la même chose avec l'autre main pour l'autre épaule.
- Puis placez chaque main à plat sur le milieu du dos les pouces vers la colonne vertébrale serrez la main à votre dos de chaque côté en attrapant la peau du dos.
- Continuez en descendant vers les fessiers.
- Pour finir tapotez votre dos avec les poings fermés en vous inclinant vers l'avant, avec le front au sol ou vers le sol si vous le pouvez.

BIENFAITS :

Notre dos a besoin de notre aide car nous lui en demandons trop à longueur de journée, occupons-nous de lui ce n'est que justice.

OUTIL 1.7 : Automassage des chevilles (X)

L'EXERCICE (X)

- Asseyez-vous à même le sol ou sur une chaise si vous avez mal au dos.
- Commencez par placer vos deux mains de chaque côté de votre cheville droite ou gauche et effectuez des pressions comme pour féliciter votre cheville.
- Toujours des deux mains votre jambe croisée gauche ou droite reposant sur votre genou, effectuez des mouvements où vous massez en douceur votre cheville de bas en haut et de haut en bas puis plus fortement.
- Saisissez un pied dans une main et faites-lui faire des cercles dans un sens puis dans l'autre en tenant le bas de la jambe avec l'autre main.
- Même opérations avec l'autre pied.

BIENFAITS :

Nos pieds constituent la base de notre équilibre et c'est eux qui crient en premier en cas de fatigue. Alors soulageons les et donnons-leur de notre temps.

OUTIL 1.8 : Automassage des jambes (X)

L'EXERCICE (X)

- Asseyez-vous à même le sol ou sur une chaise plutôt sur le bord si vous avez mal au dos.
- Commencez au niveau de votre cheville en repliant une jambe que vous placez sur le genou de l'autre jambe.
- Placez vos mains de chaque côté de la cheville et remontez comme si vous vouliez faire passer votre jambe et le genou sinon la cuisse dans un entonnoir en joignant les deux pouces de la main et les deux index pour faire un entonnoir de vos deux mains – plusieurs fois.
- Replacez vos mains à la cheville et cette fois les mains l'une à côté de l'autre au travers de la jambe. Glissez vos mains vers le haut de la jambe en alternant la position des mains vers l'avant et vers l'arrière dans un mouvement en continu d'essorage.
- Poursuivez en remontant vers l'aine.
- Pour finir tapotez avec vos poings doucement fermés la face externe et interne de vos jambes.

BIENFAITS :

Ce massage nous permettra de drainer nos jambes lourdes, de les soulager, de faciliter la circulation veineuse.

OUTIL 1. 9 : Automassage des pieds (X)

L'EXERCICE (X)

- Asseyez-vous à même le sol ou sur une chaise plutôt sur le bord si vous avez mal au dos.
- Commencez par serrer la main à votre pied pour lui dire bonjour ou bonsoir.
- Serrez le pied par plusieurs pressions successives avec vos mains de la cheville, vers le milieu du pied et les orteils.
- Tapotez la plante du pied avec des claques de plus en plus sonores mais sans excès.
- Avec la pulpe de vos pouces des mains appuyez sur la plante du pied en plusieurs pressions sur la ligne médiane et puis dans le sens des aiguilles d'une montre.
- Saisissez ensuite à pleine main chaque orteil et massez-le, faites-le légèrement tourner sur lui-même puis en dernier tirez doucement puis plus énergiquement sur chaque orteil en pinçant l'extrémité Changez de pied, relisez les consignes et exécutez-les sur l'autre pied.
- Tapez pour finir votre talon au sol pour un pied puis pour l'autre.

BIENFAITS :

Ah le pied ! C'est bien le cas de le dire ! Que c'est bon de s'occuper de ses pieds si douloureux, si heureux qu'on s'occupe d'eux, qu'on les soulage.

Outil 2 : Gym – étirement (X ou XX ou XXX)

Présentation

La gymnastique nous a souvent laissé des souvenirs inégaux selon que nous étions bon ou mauvais dans l'exercice. C'est dommage pour ceux qui étaient rêveurs, maladroits, lents, peu toniques, trop petits, trop grands, trop maigres, trop gros. Et pourtant nous sommes tous des êtres de mouvements : la vie après tout est une danse de chacun, danse de l'univers à laquelle nous participons volontairement ou pas.

Et si justement pour ce mouvement perpétuel dans lequel nous nous insérons, on apprenait un peu à se préparer, à s'échauffer comme notre corps en a besoin pour se mouvoir.

Je vous propose des mouvements d'étirement des parties du corps que vous pouvez enchaîner mais qui peuvent être introduits dans votre quotidien, chaque fois qu'une pose dans un lieu calme et aéré vous est possible.

J'ai choisi de vous faire travailler toutes les parties du corps de haut en bas mais vous pouvez aussi bien en inverser l'ordre et commencer par travailler votre assouplissement au sol donc dans l'ordre inverse. Évitez de commencer à froid, c'est pour cela que je propose une préparation qui vous évitera un claquage toujours handicapant. Le choix d'un bâton n'est bien sûr qu'un simple repère, vous le verrez, très utile mais non obligatoire.

PREPARATION (XXX)-facultatif avant l'exercice

- Procurez-vous un bâton – genre manche à balai, donc de grande taille. Debout pieds joints, tenez le bâton à l'horizontal vos deux mains devant vous, paumes de mains vers le bas au milieu du bâton.
- Commencez à effectuer un demi-cercle des bras vers le haut.
- Arrivé à la verticale, basculez le corps en reculant les fessiers pour effectuer un demi-cercle avec votre bâton resté horizontal, en gardant les bras tendus et les jambes tendus.
- Remontez le bâton avec les bras tendus au-dessus de vous à la verticale du corps en pliant les genoux vos talons décollés du sol.
- Ramenez le bâton à vos pieds, bras tendus en dépliant les genoux et en reposant vos talons au sol.

- Enfin jambes et bras tendus, faites un demi-cercle avec le bâton devant vous pour revenir à la verticale.
- Ramener le bâton et vos bras vers le bas en position que vous aviez au départ.

OUTIL 2.1 : GYM – ETIREMENT :

Faites le pantin (X)

EXERCICE(X)

- Debout les pieds joints, placez le bâton devant vous à l'horizontale en le tenant avec vos mains paumes vers vous à la largeur de votre corps.
- En sautant, écartez les pieds de 50 à 60 centimètres selon votre taille et faites monter le bâton avec vos bras tendus à la verticale du corps.
- Revenez en position de départ et reprenez le mouvement plusieurs fois.

BIENFAITS :

Ce mouvement va vous échauffer et accélérer votre rythme cardiaque, assouplir votre dos. Faites le mouvement sans aller donner des coups de rein, le dos doit tendre à rester plat ou presque.

OUTIL 2.2 : GYM – ETIREMENT : Faites un cercle(X)

EXERCICE(X)

- Debout jambes tendues et écartées de cinquante centimètres, placez le bâton à l'horizontal devant vous en le tenant avec vos mains aux deux extrémités.
- Faites un demi-cercle vers le haut avec votre bâton puis descendez le bâton pour un demi-cercle vers vos fessiers par l'arrière du corps.
- Revenez en position de départ.

BIENFAITS :

Ce mouvement va vous assouplir les épaules, décontracter le haut du corps. Faites le mouvement de manière bien symétrique pour ne pas effectuer un mouvement de la colonne vertébrale qui reste, elle, immobile.

UTIL 2.3 : GYM – ETIREMENT :

Donner un coup de pioche(X)

EXERCICE(X)

- Debout, les jambes écartées d'une cinquantaine de centimètres, saisissez le bâton à ses extrémités avec vos deux mains.
- Le dos restant bien droit (garder par exemple le menton le plus haut possible dans tout le mouvement), piochez avec un bout du bâton entre vos deux jambes et remontez ensuite en tentant de creuser le dos, tête relevée.
- Faites la même chose avec l'autre extrémité du bâton.

BIENFAITS :

Vous allez vous étirez l'arrière des cuisses et des mollets. Cela soulagera votre dos

OUTIL 2.4 : GYM – ETIREMENT : Faites du rocking-chair (XX)

EXERCICE(XX)

- Asseyez-vous au sol et placez le bâton sous l'articulation du genoux vos jambes repliées, vos deux mains tenant le bâton paumes de mains vers le sol.
- Creusez le ventre, arrondissez la nuque et roulez vers l'arrière puis revenez-vous asseoir en profitant de l'élan donné par le mouvement.
- Continuez à vous balancer comme dans un rocking-chair que votre dos est devenu.

BIENFAITS :

Excellent surtout si vous en avez plein le dos car vous allez l'étirer et le masser. Si vos fesses sont un peu volumineuses vous aurez des difficultés à faire l'aller et retour : alors pratiquez des allers simples et à chaque fois replacez-vous assis pour reprendre le mouvement.

OUTIL 2.5 : GYM – ETIREMENT : Faites la vague (XX)

EXERCICE (XX)

- Placez-vous à genoux avec le bâton que vous tenez avec les mains dans le milieu du dos, vos paumes de mains « regardant » vers l'avant.
- Commencez à descendre le front vers le sol le dos rond.
- Remontez ensuite d'abord le menton puis tout le haut du corps, le dos creusé.
- Recommencez plusieurs fois le mouvement.

BIENFAITS :

Vous allez mettre de la souplesse dans votre dos tout en le « *dé-tassant* »

OUTIL 2.6 : GYM – ETIREMENT : Faites de la pagaie (XXX)

EXERCICE(XX)

- Vous êtes à genoux et vous placez vos deux mains au bout du bâton vos paumes de mains « regardant » vers l'arrière.
- Donnez un coup de pagaie avec votre main droite ou votre main gauche au choix en reculant le haut du corps qui doit rester face à l'avant sans vriller dans le mouvement.
- Revenez et poursuivez de l'autre côté du corps avec l'autre main.

BIENFAITS :
Vous allez étirer et renforcer vos cuisses, assouplir les épaules.

OUTIL 2.7 : GYM – ETIREMENT : Faites le bambin(x)

EXERCICE(X)

- Allongez-vous sur le sol et vous saisissez le bâton avec vos deux mains, bâton que vous placez à l'horizontal, vos bras étant tendus eux à la verticale de vos épaules.
- Les jambes repliées, faites comme les bambins de la bicyclette avec vos pieds plus ou moins vers l'avant sans soulever la tête qui reste au sol, la nuque détendue.

BIENFAITS :

Vous allez échauffer vos abdominaux, les étirer, les contracter. Votre dos va être massé dans le mouvement. Ne creusez pas le dos et pour cela plaquez le au sol, sans trop pédaler vers l'avant mais plutôt vers le haut.

OUTIL 2.8 : GYM – ETIREMENT : Faites l'archer(XX)

EXERCICE (XX)

- Allongez-vous sur le ventre et le menton sur le sol, placez le bâton à la base de vos fessiers en le tenant avec vos mains placées de chaque côté du corps, soulevez l'avant du corps plusieurs fois sans forcer.
- Vous allez maintenant replier la jambe droite ou gauche et placer le bâton au coup de pied du membre fléchi en tenant le bâton de chaque côté de la cheville ; soulevez la cuisse droite ou gauche pour bander votre arc.
- Passer à l'autre cuisse et refaites l'exercice.

BIENFAITS :

Ce mouvement va vous permettre d'étirer l'avant de la cuisse et donc de l'assouplir. Si vous avez mal au dos, il est préférable de ne pas soulever la cuisse du sol.

OUTIL 2.9 : GYM – ETIREMENT : Faites un essorage(X)

EXERCICE (X)

- Allongez-vous sur le dos et placez le bâton sous vos épaules en le tenant par les extrémités avec vos mains, paumes vers le ciel.
- Levez une des deux jambes à la verticale si cela vous est possible et descendez-la à l'équerre du corps du côté opposé (à gauche pour la jambe droite par exemple) ; si le mouvement n'est pas possible, contentez-vous de replier une jambe et de placer la plante du pied de la jambe repliée sur le genou de l'autre jambe puis de faire descendre le genou replié vers le sol du côté opposé (à gauche pour le genou droit par exemple).
- Recommencez le mouvement avec l'autre jambe tendue ou repliée.

BIENFAITS :

Ce mouvement va étirer vos flancs et vous masser profondément le corps. Ne placez surtout pas le bâton sous la nuque qui est très fragile mais sous les épaules.

Outil 3 : Gym – mouvements (X ou XX ou XXX)

Présentation

Je le redis encore comme pour l'outil gym-étirement : La gymnastique nous a souvent laissé des souvenirs inégaux selon que nous étions bons ou mauvais dans l'exercice. C'est dommage pour ceux qui étaient rêveurs, maladroits, lents, peu toniques, trop petits, trop grands, trop maigres, trop gros pour ça aussi. Car nous sommes tous des êtres de mouvement ; la vie après tout est une danse, danse de chacun, danse de l'univers.

Et si justement pour ce mouvement perpétuel dans lequel nous nous insérons, on possédait l'outil qui nous permette en quelques instants, car nous avons tant de choses à faire qui nous éloignent du bien-être, de nous retrouver. Nous sentir à nouveau nous-mêmes suite à la pratique d'un mouvement simple qui nous aille comme s'il était fait que pour nous. Un mouvement comme une danse improvisée, une fois bien sûr que nous aurons appris à rentrer tout naturellement dedans. Ou plutôt une fois que nous l'aurons fait nôtre ou encore mieux retrouvé. Quelque chose que nous faisions tout instinctivement pour notre plaisir quand nous étions enfants : nous balancer, tourner sur nous-mêmes, balancer les bras, nous rouler à terre, etc.… Je vous propose neuf mouvements : retrouvez le vôtre.

PREPARATION (XXX)-facultatif avant chaque gym-mouvement.

- Placez-vous dans un local aéré sur une surface ferme, dégagée d'environ deux mètres d'amplitude, en tenue légère qui vous convient.
- Commencez par cet enchaînement :
- Les pieds joints, debout les bras le long du corps, vous levez les bras à la verticale en inspirant.
- Les jambes tendues en expirant abaissez les bras le dos plat (bras et tronc sont dans le prolongement l'un de l'autre) jusqu'à ce que vos mains s'approchent du sol.
- Pliez les genoux, genoux joints, et redressez les bras à la verticale en inspirant, vos talons soulevés.
- Tendez à nouveau les genoux et abaissez les mains vers le sol en expirant.
- Enfin remontez les bras à la verticale en gardant le dos plat et les genoux tendus tout en inspirant.

• Reprenez la position de départ, pieds joints et bras le long du corps en expirant. Faites cet enchaînement plusieurs fois.

OUTIL 3.1 : GYM – MOUVEMENTS : Jouer au tire-bouchon (XX)

EXERCICE (XX)

• Vous êtes debout les pieds rapprochés et vous allez tendre le bras droit devant vous la paume de la main vers le sol et tourner pour enfoncer puis retirer le bouchon imaginaire d'une bonne bouteille.

• Faites la même chose avec le bras gauche-étirez bien entre les omoplates.

• Maintenant écartez les jambes assez largement et placez les bras en croix puis tourner, enfoncer et retirer le bouchon de côté et non plus de face en pliant le genou du coté où vous tournez le bouchon. Faites la même chose de l'autre côté.

• En dernier, debout pieds réunis placez votre bras vertical collé à l'oreille visser et dévisser le bouchon en fléchissant les genoux qui restent collés, les talons soulevés en fin de mouvement.

• Revenez et faites le mouvement en utilisant l'autre bras.

BIENFAITS :

Ce mouvement s'il vous plaît vous aidera à détendre vos épaules, tout en entretenant votre sens de l'équilibre ce qui aura un effet bénéfique sur vos tensions.

OUTIL 3.2 : GYM – MOUVEMENTS : Jouer avec votre pied (XX)

EXERCICE (XX)

- Asseyez-vous au sol les jambes repliées
- Saisissez votre pied droit ou gauche avec la main du même côté en plaçant la paume de la main sous le pied les bouts des doigts de main regardant vers l'extérieur du corps, la face interne du coude regardant la face interne de la cuisse.
- Votre autre main au sol derrière vous, pour ne pas basculer, passez le genou sous le coude du côté où vous tenez le pied avec votre main et portez votre pied, tenu fermement, vers l'arrière et le haut, tout en suivant des yeux votre pied en mouvement.
- Enfin ramenez le pied que vous promenez avec votre main sous le genou de la jambe qui n'a pas bougé.

Recommencez avec l'autre pied et l'autre main.

BIENFAITS :

Cet exercice mettra en jeu tout votre corps et particulièrement cheville, genoux et hanches pour les soulager, les assouplir.

OUTIL 3. 3 : GYM – MOUVEMENTS : Jouer à saluer le soleil

EXERCICE :

- Les pieds joints, vous levez les bras au-dessus de vous, tout en inspirant par le nez, progressivement au ciel légèrement vers l'arrière en aspirant votre nombril, ventre rentré.
- De cette position, vous pliez le corps en deux au niveau de la hanche, en commençant à expirer, vos mains vont vers le sol, vous gardez le dos plat et les jambes tendues – et oui normalement, ça tire derrière les cuisses.
- Posez les mains au sol ou assez près et faites glisser le pied gauche et la jambe gauche le plus loin possible vers l'arrière tout en inspirant profondément, puis en fin de mouvement les bras sont levés au-dessus de la tête à la verticale.
- Ensuite vous allez reposer les mains au sol de chaque côté de votre pied gauche et reculez le pied et la jambe droite qui pendant que vous expirez rejoint le pied et la jambe gauche sur l'arrière.
- Ne bougez plus les mains et les pieds de la position qu'ils occupent.
- Fléchissez maintenant, en inspirant, les bras pendant que votre menton se rapproche du sol.
- En expirant repoussez les fessiers le plus haut possible vers l'arrière en retendant les bras.
- Replacez en inspirant le pied gauche entre vos deux mains et en fin de mouvement levez les bras à la verticale.
- Ramenez les deux mains au sol puis le pied droit à la hauteur du pied gauche au sol en expirant.
- Pendant que vous inspirez, si vous n'êtes pas trop essoufflé, remontez les deux bras à la verticale au-dessus de votre corps, le dos plat et les genoux tendus.
- En expirant redescendez les bras le long du corps.

BIENFAITS : Assouplissement complet du corps, travail du souffle.

OUTIL 3.4 : GYM – MOUVEMENTS : Jouer au rameur (X)

EXERCICE (X)

- Allongez-vous sur le dos les bras le long du corps
- Commencez par allonger les bras avec un demi-cercle horizontal des bras jusqu'à toucher vos oreilles tout en repliant les jambes genoux écartés, phase où vous inspirez.
- Puis ramenez les bras le long du corps en passant à la verticale tout en tendant les jambes genoux rapprochés en position de départ, phase où vous expirez.
- Continuez aussi longtemps que vous trouvez du plaisir à ce mouvement.

BIENFAITS :

Vous allez masser votre dos pour votre plus grand bien, vous qui portez en permanence un sac à dos celui de toutes les charges de votre vie que vous vous mettez sur le dos.

OUTIL 3.5 : GYM – MOUVEMENTS :
Jouer au skieur (X)

EXERCICE (X)

- Debout pieds joints, vous allez vous balancer en fléchissant les genoux sans soulever les talons.
- Vous commencez par lever les bras sur l'inspiration sans cambrer.
- Puis vous jetez les bras de chaque côté du corps tandis que vous fléchissez les genoux.
- Ramenez ensuite les bras vers le haut en redressant le corps le dos le plus droit possible.
- Levez les bras et recommencez.

BIENFAITS :

Ce mouvement va vous faire dépenser de l'énergie comme vous l'aimez, il va travailler votre dos et vos cuisses pour les assouplir.

OUTIL 3.6 : GYM – MOUVEMENTS : Jouer à deux ou avec une chaise(x)

EXERCICE (X)

- Vous faites face à votre partenaire tous les deux debout, les pieds placés à la largeur du corps ou en tenant une chaise solide, un bord de table.
- Prenez-vous les mains paume contre paume pouces et index juste au niveau des poignets ou bien tenez en main une table ou une chaise.
- L'un des partenaires fléchis les genoux tandis que l'autre reste en place, si vous êtes seul, faites une flexion en vous appuyant.
- Le partenaire assis sur ses talons se relève aussitôt pour profiter de l'élan du mouvement, seul faites le mouvement en rebondissant en douceur.
- L'autre dans un mouvement coulant fléchis à son tour les genoux pendant que le partenaire reste debout, seul vous repartez de plus belle.

BIENFAITS :

Les deux partenaires vont s'assouplir les cuisses et le dos surtout le bas du dos, seul vous allez aussi travailler souplesse des genoux et chevilles.

OUTIL 3.7 : GYM – MOUVEMENTS :
Jouez au rocking-chair (XX)

EXERCICE (X)

- Asseyez au sol sur un tapis si le sol n'est pas souple.
- Placez vos mains jointes derrière vos cuisses tout simplement.
- Arrondissez le dos.
- Et roulez sur le dos jusqu'à ce que vos pieds touchent le sol derrière votre tête. Si vous connaissez le mouvement d'un rocking-chair et surtout si vous avez des fessiers qui ne sont pas des noyaux de cerise.
- Vous êtes à nouveau assis pour recommencer sinon arrondissez bien le dos pour revenir en position de départ.

Profitez de l'élan pour poursuivre le balancement.

BIENFAITS :

Le mouvement masse votre dos mais fait aussi travailler vos abdominaux.

OUTIL 3.8 : GYM – MOUVEMENTS : Jouer dos rond-dos creux (X)

EXERCICE (XX)

- Placez-vous à quatre pattes sur le sol, les deux cuisses et les deux bras bien à la verticale.
- Vous avez donc les genoux à la verticale des hanches et les mains à la verticale des épaules.
- Sur l'expiration, vous rapprochez le front du genou d'une deux vos deux jambes, genoux qui se rapproche lui de votre front en se décollant du sol.
- Puis en inspirant vous éloignez le front du genoux en redressant la tête et en creusant le dos et amenez le talon le plus haut possible au-dessus de votre dos, avec un léger coup de pied vers l'arrière.
- Revenez en expirant le front se rapprochant du genou et poursuivre. Changez de côté au bout de quelques mouvements.

BIENFAIT :

L'exercice s'il vous plaît, il vous permettra de faire jouer votre dos et vos cuisses ainsi que le cou et la nuque, donc d'assouplir ou de réveiller tout votre corps.

OUTIL 3.9 : GYM – MOUVEMENTS : Jouer à l'horloge (XX)
EXERCICE (XX)

- Vous vous placez en tailleur au sol.
- Réunissez les deux bras, l'un près de l'autre, paumes face à face.
- Penchez-vous vers la droite ou la gauche dans le prolongement de votre cuisse et commencez à balayer le sol devant vous de droite à gauche ou de gauche à droite.
- Puis remonter pour finir le cercle bras au-dessus de vous.
- Continuez en redescendant à nouveau les bras sur le côté.
- Au bout de quelques mouvements, faites le cercle dans l'autre sens.

BIENFAITS :
Cet exercice mobilisera votre dos mais aussi vos hanches et vos épaules.

Outil 4 : Gymnastique et postures (X)

Présentation

Avez-vous déjà prêté attention à la manière dont un chat s'étire. Quel plaisir il prend à prendre sa posture, à reculer le petit bout de son derrière le plus loin possible de ses pattes avant. Il est des postures comme d'un jeu à se jouer pour son contentement. Je vous propose donc non pas des attitudes compliquées mais quelques gestes à faire au ralenti pour adopter des attitudes qui vont vous délasser car elles agissent aussi sur notre esprit.

J'ai choisi des attitudes à prendre qui ont une image qui nous parle comme de faire le chat, la montagne, le lion, le cobra, la chandelle, l'équilibre, le twist, l'arc, etc. Les indiens ont ces images dans les postures de l'hatha-yoga.

Essayez celles qui vous inspirent soit par leur forme soit par leur musique intérieure… et pour cela il faut justement les essayer et les garder un moment pour s'en imprégner.

PREPARATION (X)

- Mettez-vous à quatre pattes sur un sol confortable ou sur un tapis.
- Balancez-vous à quatre pattes d'avant en arrière pour réchauffer dos, genoux, épaules coudes et poignets.

OUTIL 4.1 : GYM – POSTURES : faites le CHAT (X)

L'EXERCICE (X)

- Vous êtes à quatre pattes les bras et les cuisses à la verticale, les mains à la verticale des épaules.
- Vous ne bougez plus les mains de l'endroit où elles sont au sol tout en allant vous asseoir sur vos talons.
- Vous allez étirer votre dos comme un chat et venir poser votre front au sol si c'est possible.
- Restez quelques instants jusqu'à quelques minutes dans cette attitude.

BIENFAITS attendus :

- Étirer votre colonne vertébrale.
- Assouplir vos articulations.
- Masser votre ventre.
- Vous délasser en cas de fatigue possibles.

Les termes suivants viennent pendant cette posture à votre esprit : acceptation, abandon, réceptivité, confiance.
Qu'en pensez-vous ?

OUTIL 4.2 : GYM – POSTURES : Faites la CHANDELLE(X)

PREPARATION(X)

- Pour vous mettre les jambes en l'air, commencez par vous assouplir en vous plaçant debout, les jambes écartées.
- Descendre alors, le dos bien plat et non le dos bossu, le haut du corps vers l'avant sans forcer.
- Expirez lentement en descendant le haut du corps pour préparer l'étirement de l'arrière du corps.

L'EXERCICE(X)

- Vous allez vous allonger au sol.
- Vous repliez les jambes, plantes des pieds au sol et amenez vos genoux près du front sauf si votre bas du corps est trop lourd. Si c'est le cas, placer vos poings fermés ou un coussin sous votre bassin.
- Vous repliez les bras et placez les paumes de mains au dos en rapprochant vos coudes l'un de l'autre à la largeur de votre dos – sauf pour ceux qui se sont aidé de leurs poing ou d'un coussin.
- Enfin vous levez lentement les jambes et les dépliez à l'oblique et pour les plus souples à la verticale.
- Restez quelques instants ou quelques minutes dans cette attitude.

BIENFAITS :

Améliorer la circulation du sang dans les jambes en soulageant les veines. Étirer le haut du dos, développer le sens de l'équilibre.

OUTIL 4.3 : GYM – POSTURES : Faites le LION(X)

PREPARATION(X)

- Baillez plusieurs fois et placez-vous à quatre pattes sur le sol.
- Balancez-vous d'avant en arrière sur vos genoux en reculant le bassin, mettant vos doigts de mains vers vos genoux les paumes de main au sol ce qui étirent vos poignets.
- Vous prenez ensuite la posture toujours à quatre pattes, avec les dessous des doigts des pieds au sol et non vers le ciel, mains toujours dans la même position.

L'EXERCICE (X)

- Très simple mais surprenant.
- Il vous faut vous asseoir sur les talons sans changer la manière indiquée plus haut de placer le corps.
- Respirez fort par la bouche en gardant la langue tirée en permanence.

BIENFAITS :

- Stimule la digestion.
- Soulage le foie et l'active grâce au massage qu'effectue diaphragme.
- Purifie l'haleine, Tonifie le cœur.

Vous pourrez sentir que les termes suivants viennent pendant cette posture à votre esprit : royal, force subtil, larmes, volonté, courage. Qu'en pensez-vous ?

OUTIL 4.4 : GYM – POSTURES : faites un TWIST

PREPARATION (X)

- Debout les jambes écartées, montez les bras à l'horizontal.
- Allez placer le dos à l'horizontal en le descendant sans l'arrondir en essayant de le creuser.
- Puis le dos sans bosse si possible, vous posez la paume de la main droite ou le bout des doigts de la main au sol tandis que votre main gauche se place à la verticale du bras droit en gardant la posture quelques instants puis inversez la position en posant cette fois la main gauche au sol et la droite vers le ciel.

L'EXERCICE (X)

- Asseyez-vous au sol ou sur votre tapis.
- Vous repliez la jambe droite en plaçant la plante du pied au sol à la hauteur du genou gauche.
- En gardant le dos vertical, vous vous tournez vers la droite, plaçant vos deux mains à plat sur le sol sur le côté droit de votre bassin au sol. Restez un moment puis changez de côté.

BIENFAITS attendus :

- Cette posture masse vos organes à l'intérieur du corps : estomac, foie, intestins.
- Elle vous oblige à forcer votre respiration ce qui masse votre colonne vertébrale. Vous pourrez sentir que les termes suivants viennent pendant cette posture à votre esprit : démêler, dénouer un problème, résistance.

OUTIL 4.5 : GYM – POSTURES : Faites la MONTAGNE(X)

PREPARATION(X)

- Rien de plus simple. Debout, en fixant un point devant vous à hauteur des yeux, placez sur un pied en équilibre quelques instants la plante d'un pied posé sur le dessus de l'autre pied. Inversez ensuite la position des deux pieds pour un autre équilibre.

L'EXERCICE (X)

- Les deux pieds bien posés au sol, le poids du corps sur les talons, pieds placés à la verticale des épaules en décrispant les orteils.
- Fermez maintenant les yeux.
- Vous allez laisser s'alourdir vos bras jusqu'à ce qu'il pèse très, très lourd Prenez votre temps et gardez l'attitude quelques instants.

BIENFAITS :

- Constater combien l'immobilité du corps produit une immobilité de l'esprit.
- La posture renforce l'équilibre et la solidité psychologique, le calme.
- Les termes suivants viennent pendant cette posture à votre esprit : faire le vide, paix, calme après tempête. Oui non ? qu'en pensez-vous ?

OUTIL 4.6 : GYM-POSTURE : L'EQUILIBRE(x)

PREPARATION(x)

- S'assouplir et se renforcer les chevilles et les genoux en pratiquant quelques balancements des bras pour s'accroupir en gardant les plantes des pieds au sol puis revenir en position debout. Plusieurs fois, comme si vous vouliez vous mettre dans la position du skieur.

EXERCICE (x)

- Placez-vous debout les deux pieds parallèles au sol, vos bras se plaçant sur le côté soit à l'horizontal soit légèrement écartés en « V » renversé vers le bas.
- Puis déplacez le bassin et la taille à l'horizontal vers la droite et venez mettre votre plante de pied gauche sur la face interne du genou droit. Recommencez plusieurs fois si vous ne tenez pas l'équilibre en vous aidant d'un mur que peut toucher une main le temps de prendre l'équilibre
- Vous allez peut-être trembler comme un saule pleureur au départ... mais peu à peu en fixant un point devant vous et en respirant calmement, votre corps va peu à peu tendre à s'immobiliser.
- Inversez la posture cette fois-ci avec le bassin vers la gauche et la plante du pied droit sur la face interne du genou gauche.

BIENFAITS attendus :

- Vous travaillez le sens de l'équilibre.
- Vos hanches s'assouplissent.
- Les chevilles sont renforcées ainsi que l'articulation du genou.
- AUTOSUGESTIONS possibles : vous pourrez sentir que les termes suivants viennent pendant cette posture à votre esprit : besoin de se centrer, épreuves, erreurs, faire son unité, calme retrouvé.

•

OUTIL 4.7 : GYM – POSTURES : Faites le COBRA (XX)

PREPARATION (X)

Allongez-vous sur le ventre au sol ou sur un tapis et entraînez-vous en mettant le front au sol à coller aussi au sol votre bas ventre comme si vouliez ramper sans vous aider des mains.

L'EXERCICE (XX)

- Allongez-vous au sol sur le ventre, le menton posé au sol, les bras le long du corps.
- Placez ensuite sans pousser dessus vos paumes de mains au sol sous vos épaules.
- En gardant obligatoirement le nombril au sol et les pointes de pied étirées vers l'arrière, vous soulevez votre colonne vertébrale avec la force de votre dos comme un cobra.
- Je dis bien avec la force du dos et non celle des bras car alors ce n'est plus le cobra mais le crapaud dont vous avez alors la posture et vous allez vous faire mal au dos.
- Revenez placer une joue au sol et reposez-vous.

BIENFAITS :

- Renforcer le dos en le musclant peu à peu.
- Développe la résistance cardiaque, lutte contre l'insomnie.
- Les termes suivants viennent pendant cette posture à votre esprit : puissance, force créatrice.

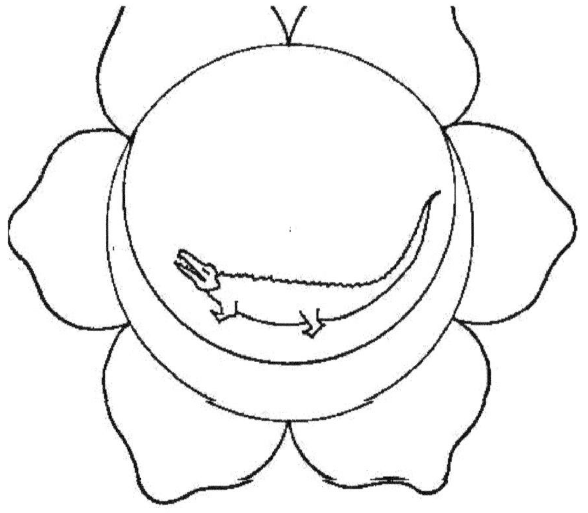

OUTIL 4.8 : GYM – POSTURES : Faites L'ARC

PREPARATION(X)

- Mettez-vous à genoux sur le sol ou un tapis puis plusieurs fois essayez de vous asseoir entre vos talons – hou lala !!! Cela tire sur le dessus des cuisses !

L'EXERCICE (x)

- Il s'agit ici d'un demi arc, l'arc complet étant réservé aux personnes très souples.
- Mettez-vous à quatre pattes et saisissez de la main gauche ou de la main droite la cheville de l'autre côté du corps pour croiser dans votre dos main et cheville.
- Doucement vous creusez le dos et décollez le genou du coté où vous vous étirez.
- Relâchez très lentement pour ménager le dos.
- Ensuite faire la même chose avec l'autre cheville et l'autre main en symétrie.

BIENFAITS :

- Assouplissement des cuisses généralement trop courtes avec la station assise en permanence dans nos modes de vie sédentaires.
- Les termes suivants viennent pendant cette posture à votre esprit : but, tension, cible, souplesse, résistance, lâcher prise à faire, détermination. Qu'en pensez-vous ?

OUTIL 4.9 : GYM – POSTURES : Faites une posture RELAX (X)

PREPARATION(X)

- Allongez-vous sur un tapis et si vous avez froid, couvrez-vous avec une couverture, une couette ou un morceau de tissu épais.
- En cas de nervosité qui vous empêche de rester dans l'immobilité, commencez par inspirer en contractant (durcir) les muscles – principalement poings serrés et jambes tendues – puis soufflez en relâchant les muscles. Faites-le plusieurs fois avec une pose entre chaque contraction.

L'EXERCICE (X)

- Allongé au sol, vous allez vous laisser aller complètement dans une attitude de repos comme si vous vouliez bien vous relâcher et peser de tout votre poids au sol, vous laissez tomber si cela vous est possible.
- Bien sûr cela ne va pas suffire car involontairement vous allez avoir des parties du corps qui oublieront de se relâcher comme si elles faisaient de la résistance, toujours prêtes à agir.
- Alors vous allez faire deux choses pour mieux vous relaxer : d'abord un petit tour du propriétaire pièce par pièce – je veux dire partie du corps par partie du corps (pieds, mains, épaules, dos, ventre…) pour penser à relâcher ce qui est resté contracté ensuite vous allez imaginer un paysage agréable ou vous vous placerez en observant les détails, cela vous évitera de penser à je ne sais quoi qui ne vous relaxera pas.
- Au bout d'un plus ou moins long moment si vous ne vous êtes pas endormi, vous veillerez à vous étirez, bailler avant de vous relever lentement.

BIENFAITS :

Le mental se rafraîchit. Votre corps est reposé comme après un bon sommeil. Vous allez réaliser que vous pouvez vous calmer, vous détendre de vos tensions, tout seul sans consommer un « divertissement » quelconque (la télé, une cigarette, un verre de vin,...) Pensez à être joyeux : c'est gai d'être détendu, de bailler. Les termes suivants viennent pendant cette posture à votre esprit : abandon, paix, sagesse, peur, abandon, renouveau, légèreté intérieure.

Qu'en pensez-vous ?

Outil 5 :
Lâcher prise : par des exercices respiratoires(X)

Présentation

Notre monde nous apprend à posséder (argent, biens, femme, mari, travail, enfants, maison…). Il ne sait pas nous initier au lâcher prise. Nous en avons pourtant bien besoin avec la vie stressante que nous menons. Lâcher prise, c'est tout simplement accepter d'avoir confiance en soi et dans les autres, accepter de nous situer dans l'instant présent. Et comment procéder sinon en nous centrant sur notre respiration, cette fonction tour à tour volontaire et involontaire de notre corps. Aussi je me propose de vous présenter des outils qui en utilisant notre souffle nous permettent de faire le deuil de tout ce à quoi nous sommes attachés, parfois jusqu'à en souffrir que ce soit nos stylos, nos clés, notre voiture, notre petit chat, notre amour, nos illusions, nos rêves, notre foi en tout et en rien… Rien n'est garanti pour l'éternité même pas l'univers et encore moins son capital ou son conjoint.

Alors ?? Mais respirons !!! Il ne s'agit pas de ne plus aimer, de ne plus croire, de ne plus agir… mais de tout faire mieux, de tout faire en gardant la maîtrise de l'impact des choses et des êtres sur nous : voilà le bien-être que vous attendez, je l'espère.

Je vous propose des exercices simples qui là encore stimulent tel ou tel partie du corps avec vous le constaterez un effet bénéfique sur tout votre être.

PREPARATION(X)

- Allongez-vous sur le sol, les jambes repliées, plantes de pied au sol – cette respiration est à apprendre allongé mais peut se pratiquer assis par la suite.
- Restez calme, quelques instants, et pensez à la respiration que vous aviez dans votre petite enfance.
- Retrouvez les sensations de votre ventre à cet âge-là ou alors simplement observez-vous respirer calmement.

OUTIL 5.1 : LACHER PRISE – exercices respiratoires : La respiration abdominale(X) pour les anxieux

EXERCICE (X)

- Placez maintenant vos mains sur votre ventre une main au-dessus du nombril une main en dessous du nombril.
- Laissez respirer d'abord lentement votre ventre et remarquez si vos mains se déplacent légèrement de bas en haut et de haut en bas.
- Accentuez ensuite volontairement le souffle, si possible avec un mince filet d'air par le nez, votre amplitude respiratoire peu à peu : pour l'expiration creusez le ventre, pour l'inspiration gonflez le ventre. Vos mains sentent qu'un ballon lentement se gonfle et se dégonfle si vous vous laissez respirer amplement et lentement.

BIENFAITS :

Voilà un premier exercice pour vous sentir capable de lâcher prise ; certains auront envie de « vagir » ou de laisser aller un grand soupir comme au premier cri.

OUTIL 5.2 : LACHER-PRISE : Exercices respiratoires : la respiration THORACIQUE (X) pour les révoltés

EXERCICE(X)

- Placez maintenant vos mains sur votre poitrine, une main bien à plat de chaque côté comme si votre poitrine était un accordéon dont vous allez jouer.
- Laissez respirer d'abord lentement votre poitrine et remarquez si vos mains se déplacent latéralement et non de bas en haut et de haut en bas.
- Accentuez ensuite votre amplitude respiratoire peu à peu : pour l'expiration laissez encore plus votre poitrine se dégonfler pour l'inspiration gonflez la poitrine plus en largeur qu'en hauteur, laissez s'ouvrir le soufflet de votre poitrine – accordéon avec un mince filet d'air par le nez.

BIENFAITS :

Voilà un exercice pour vous sentir capable de lâcher prise ; certains auront envie de hurler ou de râler tout leur saoul comme au temps de leur adolescence.

OUTIL 5.3 : LACHER PRISE – exercices respiratoires : La respiration CLAVICULAIRE ou de gorge (X) pour les angoissés

EXERCICE (X)

- Le mieux est d'être allongé. Placez vos mains sur le haut de votre poitrine, une main bien à plat de chaque côté, le bout des doigts sur les clavicules.
- Laissez respirer d'abord lentement votre être et remarquez que vos mains ne se déplacent pratiquement pas de bas en haut et de haut en bas.
- Accentuez ensuite votre amplitude respiratoire peu à peu : pour l'expiration laissez encore plus vos bouts de doigts descendre poitrine puis pour l'inspiration gonflez la poitrine plus en largeur qu'en hauteur.

BIENFAITS :

Voilà un exercice pour vous sentir capable de lâcher prise ; certains auront envie de « décompresser » de leur colère intérieure s'ils vont loin dans l'exercice.

OUTIL 5.4 : LACHER PRISE – exercices respiratoires : La respiration dite COMPLETE (XX)-pour retrouver le calme

PREPARATION (X)

- Allongez-vous sur le sol, les jambes repliées, plantes de pied au sol – cette respiration est à apprendre allongé mais peut se pratiquer assis par la suite.
- Restez calme, quelques instants, et pensez alors, par exemple, que décidément la vie vous fait parfois souffrir, vous oppresse, jusque dans votre corps.
- Dites-vous alors « Je ne veux plus être sous l'emprise de cette souffrance, de cette oppression ! »

EXERCICE (XX)

- Placez maintenant vos bras allongés derrière votre corps les bras touchant vos oreilles, sans soulever le dos du sol – ne cambrez pas le dos.
- Commencez à souffler un filet d'air par le nez, en faisant revenir vos bras le long du corps soit au-dessus de vous verticalement ou au sol horizontalement. En même temps vider d'air votre ventre, votre poitrine, votre coud ans cet ordre.
- Accentuez ensuite votre amplitude respiratoire peu à peu : en poursuivant l'exercice ; il faut absolument vous vider le plus possible à l'expiration : c'est le secret de cet exercice qui ne sera efficace que fait très, très lentement, de plus en plus lentement.

Maintenant vous allez aussi lentement vous remplir d'air en commençant par le ventre, vos bras accompagnent et repartent en position de départ près des oreilles verticalement ou horizontalement.

BIENFAITS :

Voilà un exercice pour vous sentir capable de lâcher prise ; certains auront envie de laisser venir les larmes ou de pousser de gros soupirs. Laissez-vous aller.

OUTIL 5.5 : LACHER PRISE – exercices respiratoires : La respiration SOUFFLET ou respiration forcée-face à une épreuve

PREPARATION

- Allongez-vous sur le sol, jambes repliées, plantes de pied au sol – cette respiration est à apprendre allongé mais peut se pratiquer assis par la suite.
- Restez quelques instants calme et pensez alors que « décidément rien ne s'arrête, tout vous échappe ! Pas question ». Je veux dire le pilotage de vous-même.
- Imaginez, comme disent les chinois, que vous êtes prêt à « chevaucher le tigre » dans un lâcher-prise authentique, laisser votre moteur vrombir.

EXERCICE

- Placez maintenant vos mains à plat sur votre ventre, une main sur le côté droit, une main sur le côté gauche.
- Commencez à souffler fort en forçant l'expiration par la bouche, accompagnant votre expiration d'une pression des mains sur les côtés de votre ventre. Actionnez le soufflet, laissez votre corps ensuite se prendre au jeu.
- Accentuez ensuite votre rythme respiratoire en ne vous occupants que de l'expiration comme si vous vouliez attiser votre barbecue en soufflant sur les braises.

BIENFAITS :

Voilà un exercice pour vous sentir capable de ne pas vous laisser mourir à petit feu, ou vous allez laisser vivre en vous la vie au lieu de la laisser s'étioler à petit feu !

OUTIL 5.6 : LACHER PRISE – exercices respiratoires : La respiration équilibrée ou carrée (xx) – recherche d'équilibre

EXERCICE SANS PREPARATION(x)

- Allongez-vous sur le sol ou sur un tapis si le sol n'est pas confortable, les jambes repliées, plantes de pied au sol – cette respiration est à apprendre allongé mais peut se pratiquer assis par la suite.
- Restez, quelques instants, calme et pensez alors que vous êtes prêt à donner et à recevoir.
- Recherchez à gagner de l'équilibre en vous entre les éléments forcément contradictoires de vous même pour tous les intégrer.

- Placez maintenant vos mains à plat sur votre ventre, une main au-dessus du nombril, une main au-dessous du nombril.
- Commencez à souffler lentement par le nez, bouche passive.
- Quand vous avez fini d'expirer, restez la même durée sans respirer en bloquant légèrement soit la gorge, soit le ventre soit le bassin ou même les trois endroits du corps à la fois. Ne forcez pas au début quelques secondes suffisent.
- Puis lentement relâchez et commencez à inspirer de nouveau environ la même durée que pour l'inspiration.
- Arrêtez de respirer comme après l'inspiration avec les mêmes blocages puis reprenez une inspiration lente.
- Pour vous aider à être régulier dans l'exercice, vous pouvez compter lentement par exemple jusqu'à dix pour chacune des quatre phases respiratoires.

BIENFAITS : Voilà un exercice pour vous sentir capable de construire votre équilibre de vie. Les mots d'équilibre, de maîtrise, de flux et reflux peuvent vous venir à l'esprit.

OUTIL 5.7 : LACHER PRISE – exercices respiratoires :la respiration avec BALLON GONFLE de rétention légère(x)-pour avoir de la compassion

PREPARATION(x)

- Allongez-vous sur le sol, les jambes repliées, plantes de pied au sol – cette respiration est à apprendre allongé mais peut se pratiquer assis par la suite.
- Restez, quelques instants, calme et pensez aux autres pour lesquels vous allez ressentir de la solidarité ou de la sympathie – les bouddhistes diraient de la compassion.
- Au travers de cet exercice prenez en vous un peu de la misère du monde.

EXERCICE(x)

- Visualisez mentalement quelques instants dans un rayon assez large qui vous entoure les autres êtres humains et leurs difficultés de vie.
- Soufflez lentement par le nez pour faire la place en vous.
- Commencez à inspirer et à prendre en vous l'air et ce à quoi vous avez pensé.
- Gardez l'air inspiré quelques instants.
- Rejeter l'air par la bouche en soufflant bruyamment.

BIENFAITS :

Voilà un exercice pour vous sentir capable d'affronter la souffrance et peut-être la mort des autres, leur souffrance avec un peu plus de solidité, de capacité à faire face.

OUTIL 5.8 : LACHER PRISE – exercices respiratoires : la respiration des MOULINS-faire le ménage en soi

PREPARATION(X)

- Placez-vous debout, les jambes écartées, soufflez comme un phoque en faisant vibrer vos lèvres au maximum.
- Restez calme maintenant et pensez que vous êtes prêt à vous séparer de tout ce qui vous encombre en vous.

EXERCICE(x)

- Placez maintenant vos bras, avec les poignets souples, au-dessus de vous à la verticale en inspirant profondément et progressivement – vous gonflez les deux ballons de vos poumons !
- Bloquez votre souffle un instant.
- Quand vous êtes prêt, faites des moulinets avec vos bras en relâchant les poignets pendant quelques tours.
- Puis à un moment que vous choisissez, soufflez par la bouche comme un phoque et laissez les bras s'arrêter de tourner, faites-le bruyamment.
- Reprenez plusieurs fois l'exercice avec un moment de coupure à chaque fois.

BIENFAITS :

Voilà un exercice où vous allez pouvoir utiliser la respiration pour relâcher vos tensions.

OUTIL 5.9 : LACHER PRISE – exercices respiratoires : la respiration avec rétention de souffle niveau deux-pour solliciter la force en soi

PREPARATION

- Allongez-vous sur le sol, les jambes repliées, plantes de pied au sol – cette respiration est à apprendre allongé mais peut se pratiquer assis par la suite.
- Restez quelques instants calme et pensez à votre renaissance dans le monde que vous voulez : soit celui de l'au-delà, soit plus prosaïquement au fait de reprendre demain ou après-demain votre vie sur de nouvelles bases.
- Au travers de cet exercice imaginez que vous allez « voir » la vie que vous vivez autrement.
- Dédiez si vous le voulez votre exercice à tous ceux qui à ce moment passe une frontière quelle qu'elle soit (migrants, mourants, nouveaux nés, ex-comateux, salariés licenciés ou retrouvant un travail, voyageurs).

EXERCICE

- Commencez à souffler lentement par le nez l'air que vous avez dans les poumons.
- Restez ensuite vide d'air un moment – au début de l'exercice, quelques courtes secondes.
- Puis sans précipitation à nouveau inspirez lentement de l'air et soufflez ensuite par le nez.
- Poursuivre l'exercice que si vous sentez que vous n'avez pas forcé-le cœur doit rester calme.

BIENFAITS :

Voilà un exercice pour vous sentir en apesanteur, calme. Une impression de légèreté est ressentie si vous n'avez pas forcé.

Outil 6 :
Pieds – contacts, massage (x)

Présentation

Bizarre quand « on prend son pied », ce n'est jamais avec lui le plus souvent. Notre pied souffre t dans nos chaussures, il nous joue des tours dans les randonnées, prêt à nous lâcher au moindre effort, il se met à empester, il gonfle, il se tord : jamais à la hauteur le pauvre. On veut s'éclater… mais il n'est pas de la fête, de nos soirées endiablées. Un peu plus on le déclarerait gênant : si nous pouvions obtenir au moins qu'il nous fiche la paix. Alors là, nous marchons carrément à côté de nos « pompes », c'est le cas de le dire car le pied est la racine de l'être humain, le lieu de son équilibre le plus intime : si vous avez mal à une dent, c'est bien souvent que vous portez de mauvaises chaussures et que votre pied s'est déformé jusqu'à cela se ressente dans votre mâchoire : vous imaginez combien le bien-être des pieds concerne tout notre être. Soignons bien ces antennes de nous-même, ce lieu de contact avec le terrain sur tous les plans de notre chemin de vie. Réapprenons à écouter ce que nous disent nos pieds, utilisons les pour nous relaxer et parler à notre corps, notre esprit. Peu à peu par le contact physique avec eux, apprenons à comprendre le message qu'ils nous envoient sur l'état de notre bien-être. Je vous propose d'entrer en contact avec les zones de votre pied pour un contact relaxant mais aussi pour un meilleur diagnostic de votre état. Puissent vos pieds vous parler ! Soyez réflexologue !

PREPARATION (x)

Asseyez-vous à même le sol ou sur une chaise plutôt sur le bord si vous avez mal au dos Commencez par serrer la main à votre pied pour lui dire bonjour ou bonsoir.

Serrez le pied par plusieurs pressions successives vers la cheville, le milieu du pied et les orteils Tapotez la plante du pied avec des claques de plus en plus sonores mais sans excès Avec la pulpe de vos pouces des mains appuyez sur la plante du pied en plusieurs pressions sur la ligne médiane et puis dans le sens des aiguilles d'une montre.

Saisissez ensuite à pleine main chaque orteil et massez-le, faites-le légèrement tourner sur lui-même puis en dernier tirez doucement puis plus énergiquement sur chaque orteil en pinçant l'extrémité de chaque orteil. Changez de pied et recommencez le même traitement avec l'autre pied. Tapez pour finir votre talon au sol avec un pied puis avec l'autre.

OUTIL 6.1 : PIEDS : Auto-contact et massage des orteils (x)

L'EXERCICE (x)

- Commencez debout. Montez sur la pointe des pieds. Restez-y une minute. Redescendez.
- Recroquevillez les orteils et montez sur la pointe des pieds avec le dessus des orteils au sol pour la même durée.
- Asseyez-vous sur une chaise, un tabouret.
- Prenez l'un de vos pieds dans vos mains en posant la cheville sur le genou de l'autre de l'autre jambe.
- Saisissez chaque orteil à tour de rôle entre pouce et index d'une main.
- Faites faire un petit cercle à votre orteil dans un sens puis dans l'autre.
- Faites une vrille autour de votre orteil en serrant assez fort avec pouce, index et majeur Saisissez votre orteil au niveau de l'ongle et de la pulpe, pincez et tirez avec le pouce et l'index de la main. Procédez de même avec tous les orteils de manière bien attentionnée.

LE BIENFAIT :

Vous allez délasser vos orteils que vos chaussures ont maltraité. Vous allez soulager, énergiser les parties du corps en relation avec les orteils : tête, cou, nuque, gorge.

OUTIL 6.2 : PIEDS : Auto-contact et massage de la voûte plantaire

L'EXERCICE

- Commencez debout. Stimulez votre voûte plantaire en jouant avec une balle de tennis ou une balle mousse (écartez vos objets fragiles et prévoyez un tapis en cas de chute !) que vous allez faire rouler dans tous les sens en appuyant votre voûte plantaire dessus – ne pratiquez pas les deux pieds à la fois sauf si vous êtes un adepte du cirque…
- Puis asseyez-vous sur une chaise, un pouf, un tabouret et placez l'une de vos chevilles sur le genou de l'autre jambe.
- La main du même côté que le pied à masser tenant le pied, avec le poing de l'autre main, frappez votre voûte plantaire par petits coups énergiques.
- Avec le pouce de la main libre, effectuez des pressions longitudinales puis dans le sens de la largeur du pied sur toute la voûte plantaire. Procédez par sillons écartés les uns des autres d'environ un centimètre.
- N'oubliez pas votre autre pied sauf s'il est dans le plâtre et recommencez alors les mêmes gestes.

LE BIENFAIT :

Vous allez redonner vie à votre voûte plantaire. Votre diaphragme, vos viscères, vos reins vont s'en trouver stimuler car ils sont en rapport avec cette zone du pied.

OUTIL 6.3 : PIEDS : Auto-contact et massage de la zone avant de la plante du pied (x)

L'EXERCICE (x)

- Commencez debout par vous placer une minute en équilibre sur l'avant du pied en soulevant les talons : orteils bien allongés et partie avant de la plante du pied bien étalée au sol.
- Asseyez-vous sur votre chaise, un pouf ou un tabouret et posez une cheville sur le genou de l'autre jambe.
- En tenant votre pied avec la main du même côté que le pied posé sur votre genou, tapotez l'avant de la plante du pied avec le poing de la main libre.
- Puis effectuez des pressions avec le bout du pouce sur l'avant de la plante du pied en plaçant vos doigts de main sur le dessus du pied dont vous vous occupez.
- Changez de pied et recommencez les mêmes contacts.

BIENFAITS :

- Vous allez soulager cette partie des pieds sur laquelle nous nous appuyons trop inconsciemment.
- Vous allez aussi stimuler votre système cardio-vasculaire et votre système respiratoire qui sont en relation avec cette partie de vos pieds.

OUTIL 6.4 : PIEDS : Auto-contact et massage de la zone métatarsienne (x)

L'EXERCICE

- Debout faites plusieurs fois le double mouvement de placer vos orteils en extension vers le haut jusqu'à soulever l'avant du pied, en restant les talons au sol ; puis à l'inverse posez les orteils au sol et montez le plus haut possible sur la pointe des pieds.
- Asseyez-vous ensuite sur un tabouret, un pouf ou sur votre chaise et posez l'une de vos chevilles sur le genou de l'autre jambe.
- Depuis le centre de la pliure de la cheville sur le dessus du pied jusqu'au milieu du coup de pied, pressez en étoile chaque point du dessus du pied en traçant des sillons qui s'écartent les uns des autres.

BIENFAITS :

Ce contact soulagera vos pieds. Il vous montrera aussi que vous n'utilisez pas bien votre dos dans la marche, que vous ne marchez pas assez avec l'énergie dans le bassin, ce qui fatigue le dessus du pied.

OUTIL 6.5 : PIEDS : Auto-contact et massage du dessus avant du pied

L'EXERCICE

- Commencez debout : portez le poids du corps sur le bord externe du pied puis sur le bord interne en basculant légèrement. S'exercer d'abord avec un pied puis l'autre.
- Asseyez-vous sur une chaise, un tabouret ou un pouf
- Placez une cheville sur le genou de l'autre jambe.
- Saisissez l'ensemble des orteils dans votre main opposée au pied tandis que l'autre main tient la cheville et mobilisez les orteils vers l'avant puis vers l'arrière plusieurs fois.
- Pressez ensuite avec votre pouce le long des os entre les tendons depuis le milieu du coup de pied jusque entre les orteils. Vous pouvez procéder aussi avec les extrémités des quatre doigts de la main.

BIENFAITS :

Vous allez décontracter une partie très sollicitée, partie peu souvent soulagée. Voilà une bonne manière de travailler la souplesse de votre cage thoracique qui est en liaison avec cette partie de vos pieds.

OUTIL 6.6 : PIEDS : Auto-contact et massage diagonale voûte plantaire (x)

L'EXERCICE (x)

- Commencez debout par stimuler votre voûte plantaire en plaçant vos deux pieds écartés sur une planche que vous aurez disposée à cheval sur un cylindre en bois ou métal et en tentant de garder l'équilibre sans poser les pieds à terre.
- Puis asseyez-vous sur une chaise, un tabouret ou un pouf.
- Placez une cheville sur le genou de l'autre jambe.
- La main du même côté que le pied tenant celui-ci avec le poing de l'autre main vrillez la voûte plantaire dans le sens des aiguilles d'une montre.
- Faites ensuite la diagonale depuis l'intérieur vers l'extérieur de la plante de votre pied en insistant avec des pressions des pouces sur la voûte plantaire.

BIENFAITS :

Vous allez faire du bien à votre voûte plantaire, particulièrement pour qui porte des talons. Vous allez favoriser vos facultés d'élimination : préparez vous à aller aux toilettes facilement.

OUTIL 6.7 : PIEDS : Auto-contact et massage du tendon d'Achille (x)

L'EXERCICE (x)

- Commencez debout : ramenez vos orteils vers le haut en les décollant du sol puis reposez-les et montez le plus haut possible sur la pointe des pieds. Plusieurs fois.
- Asseyez-vous sur une chaise, un tabouret ou un pouf.
- Prenez l'un de vos pieds dans vos mains en posant la cheville sur le genou de l'autre jambe.
- La main du côté du pied se place en bas de la jambe, la main libre pince en douceur plusieurs fois entre le pouce et l'index le tendon comme une corde de guitare.
- Prenez ensuite votre tendon entre vos mains croisées, la paume de la main du côté opposé au pied exerçant des pressions sur le tendon.
- Glissez enfin votre pouce et votre index le long du tendon depuis le talon jusqu'au mollet.
- Faites la même chose avec l'autre pied.

BIENFAITS :

- Vous allez soulager vos tendons trop souvent douloureux.

OUTIL 6.8 : PIEDS :

Auto-contact et massage des chevilles

L'EXERCICE

- Commencez assis, jambes tendues, dos vertical, par effectuer des cercles avec le bout des pieds d'abord les deux pieds ensemble dans un sens puis dans l'autre puis les deux pieds en sens inverse.
- Asseyez-vous sur une chaise, sur un tabouret ou sur un pouf.
- Prenez un de vos pieds dans vos mains en plaçant la cheville sur le genou de l'autre jambe.
- Faites faire des cercles à votre pied avec vos mains : l'une des mains tient la cheville, l'autre le bout du pied.
- Faites faire avec vos mains un mouvement d'extension – retour à votre cheville.
- Posez la plante de votre pied sur le genou et faites glisser vos petits doigts de chaque côté de la cheville en un mouvement de va et vient.
- Faites les mêmes gestes pour l'autre pied.

BIENFAITS :

Si vos chevilles sont douloureuses ou gonflées, vous allez rétablir le bien-être à cet endroit. Toute la zone du bassin et du nerf sciatique qui est en relation avec cette zone du pied va être elle aussi concernée.

OUTIL 6.9 : PIEDS : Auto-contact, massage des talons

L'EXERCICE

- Commencez debout et marchez quelques instants sur les talons, vos orteils soulevés du sol.
- Puis tenez-vous immobile un instant avec tout le poids du corps sur les talons, les orteils détendus.
- Asseyez-vous maintenant sur une chaise un tabouret ou un pouf.
- Placez l'un de vos pieds, au niveau de la cheville, sur le genou de l'autre jambe vos deux paumes de main sur le dessus du pied.
- Avec vos extrémités de pouce des mains pratiquez des contacts sur tout le tour du talon et sur la partie arrière de la plante du pied ; les pressions vont de la face interne à la face externe du pied.
- Placez votre talon entre vos mains croisées sans vous cogner le menton et serrez fort, entre vos mains croisées, votre talon à plusieurs reprises.
- Terminez avant de changer de pied en frappant à nouveau votre talon au sol plusieurs fois. Changez de pied et recommencez.

BIENFAITS :

Refaire vivre son talon est un gage de longévité : demandez leur avis aux éléphants !

Outil 7 :
Relaxations

Présentation

Notre vie « active » nous conduit à être en permanence en « prise » avec la réalité : nous serrons les dents, nous recroquevillons nos orteils, nous bloquons notre souffle, nous nous accrochons aux choses et aux êtres parfois même sans nous en rendre compte. Cette tension permanente nous rend peu adaptés à avoir l'attitude juste, le plus souvent. Nous sommes stressés, au-delà du juste nécessaire pour faire face à l'imprévu des situations. Nos perceptions s'en déforment et nous devenons de plus en plus inefficaces, nous dépensons une énergie énorme pour faire face. Alors on a besoin de « souffler » chacun à sa manière : on fume une cigarette, on ouvre la fenêtre, on va boire un café… on fait un tour aux toilettes. Mais bien souvent le remède n'est qu'un pis-aller. Quelques minutes après la tension non maîtrisée est à nouveau là. Or il existe une procédure qui permet de mieux piloter sa vie pour un réel bien-être : la relaxation. Pas seulement avec un thérapeute qualifié ou à la fin d'une séance de mise en forme ou de yoga, tout simplement pour soi grâce à un entraînement finalement assez simple si on se persuade qu'on peut chacun piloter son être, soi-même. Il faut un peu de temps pour s'habituer à cette pratique de tout relâcher dès qu'on en a besoin, en n'importe quel moment pourvu qu'on puisse s'isoler ou mieux faire abstraction des autres même au milieu d'une foule. Cependant si vous tentez l'expérience, votre vie votre vie quotidienne en sera changée pourvu que vous y reveniez jusqu'à plusieurs fois par jour, si cela vous est possible.

Essayer. Je vous propose neuf exercices. Trouvez celui qui vous convient, qui vous interpelle, que vous avez peut-être déjà en vous. L'essentiel n'est même pas de copier : servez-vous de ces exercices pour inventer votre propre manière de lâcher-prise. Bonne pratique !

PREPARATION(x) pour chaque relaxation

- Vous pouvez regarder quelques instant le logo ci dessous assis en tailleur ou sur une chaise, ou encore fermer en respirant calmement.
- Vous pouvez aussi vous allonger et vous étirer, bailler et pousser autant de soupirs que vous le voulez.

OUTIL 7.1 : RELAXATIONS :
Exercice de Relaxation dynamique(x)

EXERCICE(x)

- Allongé sur le dos au sol ou sur un tapis, les yeux fermés, dans un endroit calme ou encore assis.
- Vous allez commencer par souffler puis contracter les deux poings très forts *en même temps* que vous inspirez.

Relâchez les poings en même temps que vous soufflez par la bouche.

- Recommencez encore une fois inspirez poings se contractant, expirez poings se relâchant. Vos poings doivent être durs comme du bois à la fin de l'inspiration et mous comme du chiffon à la fin de l'expiration.
- Serrez maintenant les orteils et contractez-les ainsi que les deux pieds et l'ensemble de la jambe cuisses et mollets jusqu'aux fessiers.
- Relâchez puis recommencez en inspirant tout le temps de la contraction pour expirer tout le temps du relâchement.
- Contractez maintenant tout le corps les deux mains, les deux pieds, les deux bras, les deux jambes et le ventre, la poitrine, même les mâchoires et les yeux tout cela pendant l'inspiration.
- Relâchez tout le corps en expirant totalement et complètement.
- Encore une ou deux fois pratiquez cette contraction totale en inspirant puis ce relâchement total en expirant.
- Restez à respirer calmement pour finir et goûter le calme que vous ressentez.
- Relevez-vous très lentement après avoir baillé et vous être étiré.

BIENFAITS :

Cette relaxation est très utile quand vous vous sentez sous la pression des événements voulus ou subis.

OUTIL 7.2 : RELAXATIONS : exercices de relaxation par relâchement

EXERCICE

- Ensuite allongé au sol sur le dos, sur un tapis ou un sol souple, les yeux fermés dans un endroit calme où vous vous êtes retiré.
- Laissez-vous aller à la détente la plus complète et vous pouvez pratiquer la relaxation dynamique précédente pour commencer.
- Puis sans bouger vous ressentez que vos bras et vos mains s'alourdissent de plus en plus comme s'ils s'enfonçaient dans du sable.
- Ressentez ensuite cette même lourdeur dans les jambes et les pieds qui s'enfoncent eux aussi comme dans du sable.
- Enfin c'est maintenant le centre du corps des épaules aux fessiers qui s'alourdissent.
- Restez quelques instants ainsi sans bouger et réaliser que votre empreinte au sol s'est agrandie.
- Goûtez le calme de votre état.

BIENFAITS :

Cette relaxation va vous permettre d'agir sur votre capacité à agir sur votre tonus pour diminuer les tensions accumulées près un moment de forte tension émotive.

OUTIL 7.3 : RELAXATIONS :

Exercice de relaxation à l'écoute du cœur (xx)

EXERCICE (xx)

- Ensuite allongez-vous au sol sur un tapis ou un sol souple, le dos au sol, les yeux fermés dans un endroit calme où vous vous êtes retiré.
- Commencez par respirer calmement puis abandonnez peu à peu le contrôle direct de votre souffle pour en devenir le spectateur passif.
- Vous observez votre poitrine et votre ventre qui montent et descendent tour à tour comme la houle sur la mer.
- Commencez alors à écouter des bruits lointains et choisissez un bruit pour n'écouter plus que lui (tuyau, circulation, vent…).
- Portez votre attention maintenant sur un bruit tout proche de vous et n'écoutez plus que lui (craquement, canalisation…).
- Passez ainsi d'un bruit lointain à un bruit proche plusieurs fois très lentement.
- Finissez en écoutant le bruit de votre cœur dans votre poitrine.
- Restez là au calme, goûtez votre état.
- Relevez-vous très lentement après vous être étiré et avoir baillé.

BIENFAITS

Après un moment de vie où vous sentez peu capable de vous évader sous le poids des soucis.

OUTIL 7.4 : RELAXATIONS : exercice de relaxation par prise de conscience de l'enveloppe corporelle (x)

EXERCICE (x)

- Ensuite allongez-vous au sol sur un tapis ou sur le sol s'il est souple, le dos au sol, les yeux fermés dans un endroit calme où vous vous êtes retiré ou assis sur une chaise.
- Vous commencez par éprouver une sensation de lourdeur en relâchant vos muscles des membres chaque fois que vous expirez.
- Restez ensuite détendu et oubliant votre souffle vous ressentez ce qui se passe à la surface de votre peau à la frontière de l'intérieur et de l'extérieur de votre corps.
- Ressentez ce que ressent votre paume de main comme impression puis essayez avec votre plante de pied.
- Attentif aux messages reçus par votre enveloppe corporelle, peu à peu réalisez quel volume elle occupe : commencez par les pieds et mentalement visiter votre corps jusqu'au cuir chevelu et aux cheveux.
- Finissez en vous sentant bien dans votre demeure corporelle.
- Lentement étirez-vous, baillez et relevez-vous doucement.

BIENFAITS :

Après un moment de forte tension interne. Cette relaxation contribue à mieux se sentir dans sa « peau » et c'est bien utile certains jours, n'est-ce pas ?

OUTIL 7. 5 : RELAXATIONS : exercice de relaxation promenade (x)

EXERCICE(x)

- Vous êtes allongé au sol sur un tapis ou sur un sol souple, le dos au sol, les yeux fermés, dans un endroit calme ou assis.
- Vous commencez par respirer profondément puis vous laissez votre respiration s'effectuer sans ne plus y prêter attention. Fermez les yeux.
- Faites le tour des parties du corps pour bien laisser s'alourdir toutes les parties de votre corps : les mains, les bras, les pieds, les jambes, les fessiers, le dos, la nuque et le crâne.
- Posez un large sourire sur vos lèvres.
- Vous imaginez alors un endroit dans la nature que vous affectionnez parce que vous vous sentez en harmonie avec lui : les détails vous viennent à l'esprit et c'est comme si vous y étiez : les couleurs, les odeurs, les sons, les animaux, le paysage…
- Commencez alors à vous voir en train de marcher dans ce paysage.
- Allongé au sol, les yeux fermés vous vous « voyez » avec votre démarche telle qu'elle est.
- C'est vous même, mais vous-même avec une distance que crée l'exercice avec vous-même.
- Pénétrez-vous de l'impression ressentie.
- Calmement et lentement étirez-vous, baillez et redressez-vous.

- Après un moment d'implication élevée pour prendre du recul.
- Cette relaxation va vous apporter le calme de savoir que vous pouvez vous projeter dans une situation de bienêtre.

OUTIL 7.6 : RELAXATIONS :

Exercice de relaxation paysage (x)

EXERCICE (x)

- Vous êtes allongé au sol sur un tapis ou sur le sol s'il est souple, sur le dos, dans un endroit calme où vous vous êtes retiré ou assis.
- Vous fermez les yeux et vous vous étirez et baillez.
- Vous respirez consciemment et chaque fois que vous expirez, vous abandonnez un peu plus votre corps au sol qui devient ainsi très lourd comme s'il s'enfonçait dans du sable et que votre emprunte se marque peu à peu.
- Restez calme sans vous occuper de votre respiration, observez-la comme un spectateur quelques instants.
- Commencez alors à imaginer que vous êtes allongé dans un endroit dans lequel vous savez que votre être se sent bien.
- Pensez aux couleurs du ciel, aux nuages, au soleil de ce paysage.
- Ressentez les détails lointains comme l'horizon ou plus proches comme les odeurs, les bruits qui font partie de ce paysage.
- Imaginez les oiseaux, les arbres, un torrent, la mer ou un lac, une rivière peu importe.
- Laissez tous ces détails vous pénétrer et sentez que vous êtes en harmonie avec eux.
- Puis après un long moment de plusieurs minutes, baillez, étirez-vous, puis redressez-vous lentement.

OUTIL 7.7 : RELAXATIONS :

Exercice de relaxation évasion (xx)

EXERCICE (xx)

- Allongez-vous au sol sur un tapis ou sur un sol souple, le dos au sol, dans un endroit.
- Les yeux fermés, vous respirez calmement et profondément pour à chaque expiration relâcher encore plus votre corps au sol de manière à éliminer les tensions.
- Pour cela imaginez que votre corps s'étale en prenant de plus en plus de surface au sol aussi bien pour vos épaules votre dos, vos fessiers, les cuisses, les mollets.
- Oubliez votre respiration pour la laisser aller et venir librement.
- Observez ensuite ce souffle en vous et le parcours de l'air depuis les narines jusqu'au fond des alvéoles pulmonaires.
- Ressentez le calme qui vous habite maintenant.
- Puis changez de point de vue et maintenant soyez l'observateur de vous-même.
- Sans rien changer vous vous regardez respirer comme si vous étiez un observateur extérieur de votre corps.
- Cela vous demande de vous « voir » avec un peu de recul mais vous verrez, c'est très plaisant.
- Au bout d'un moment reprenez la conscience de votre présence dans le lieu où vous êtes, respirez profondément, baillez, étirez-vous.

Après un moment où le poids de la vie paraît un peu lourd.

OUTIL 7.8 : RELAXATIONS :
Exercice de relaxation altruiste ou humanitaire (x)

- EXERCICE (x) Vous êtes allongé sur un tapis ou sur le sol s'il est souple, le dos au sol, les yeux fermés, dans un endroit calme.
- Fixez votre attention sur le relâchement de toutes les parties du corps peu à peu, respirez profondément et à chaque expiration par la bouche sentez que ce relâchement s'accentue du sommet du crâne à la plante de vos pieds, tout le long du dos.
- Restez détendu quelques instants, laissant votre souffle libre maintenant d'aller et venir.
- Observez votre respiration sans la modifier, suivez le trajet du souffle en vous à l'inspiration des narines aux poumons et à l'expiration des poumons vers les narines.
- Sentez l'échange avec l'extérieur.
- Peu à peu remplissez tout cet espace des êtres qui vous sont proches ou mêmes inconnus avec lesquels vous vous sentez en résonance ou avec lesquels vous désirez entrer en compassion.
- Depuis votre poitrine, comme pour le souffle faites partir des flux d'amour sur l'expiration et prenez en vous à l'inspiration la présence de tous en vous.
- Puis évacuez peu à peu sur les expirations tout ce que vous avez à donner et sur les inspiration recevez en retour l'amour des autres.
- Cessez peu à peu l'exercice, pénétrez-vous du bienfait de cet échange.

- Finissez en vous étirant, roulant de droite et de gauche comme un bambin et redressez vous pour une méditation, par exemple.

BIENFAITS :

Après un moment de déception dans votre vie sociale.

OUTIL 7. 9 : RELAXATIONS :

Exercice de relaxation universelle ou cosmique (x)

EXERCICE (x)

- Vous êtes allongé au sol sur le dos, les yeux fermés dans un endroit calme où vous vous êtes retiré.
- Relâchez-vous au sol de plus en plus en respirant lentement et profondément les expirations étant plus longues que les inspirations.
- Bien détendu au sol au bout de quelques instants, vous sentez que par le souffle, votre corps est uni à votre esprit et que l'un et l'autre sont calmés et soudés comme le pile et le face d'une pièce de monnaie.
- Portez votre attention maintenant sur l'univers qui vous entoure : parcourez le tel que vous vous le représentez avec différentes sphères où vous pénétrez, celles des êtres, des planètes, des étoiles, des galaxies.
- Ressentez qu'entre vous et l'univers, il y a une union, une correspondance, une complémentarité.
- Vivez cette sensation de plénitude.
- Peu à peu en reprenant la maîtrise de votre souffle, éveillez-vous, baillez, étirez-vous.
- Lentement venez-vous asseoir et, si vous le voulez, en tailleur au sol terminez par une méditation (voir les fiches n° 8.1 à 8.9).

BIENFAITS :

- Cette relaxation devrait vous apporter plus de solidité pour vivre votre quotidien.
- Après un moment de fort isolement ou quand vous ressentez que vous manquez d'enracinement.

Outil 8 :
Méditations

Présentation

La première fois que j'ai médité, j'étais dans mon berceau le nez au plafond à regarder les anges sur les moulures du plafond de ma chambre, depuis je ne peux plus m'en passer. J'aurais pu évoquer mes jeux méditatifs autrement, je sais, mais l'essentiel du message est que méditer est naturel, vous l'aurez compris ! Et dire qu'on nous a tous couper l'envie de ce plaisir, pour des raisons plus ou moins avouées de discipline laïque ou religieuse : tu seras un homme ou une femme active, mon enfant ! Plus sérieusement à la plage, à la montagne, devant une bougie ou une beauté l'envie me prend d'arrêter de penser. Pas seulement rêvasser. Et vous ? Vous aurez reconnu que méditer, c'est naturel. Pas besoin de guru. Pas de technique compliquée, je vous propose simplement neufs thèmes pour vous lancer. Il vous faut lire le texte et après avoir refermé le livre faire un arrêt sur l'image qui vous vient à l'esprit ; les premières fois, vous allez penser à votre dernier souci du moment (facture imprévue, rendez-vous crucial, amour déçu, etc.) dès les premières secondes ou minutes. Mais si jamais mes thèmes (colère, amour, donner, recevoir, action…) vous occupent, vous sortirez avec le crâne tout frais comme après une bonne douche.

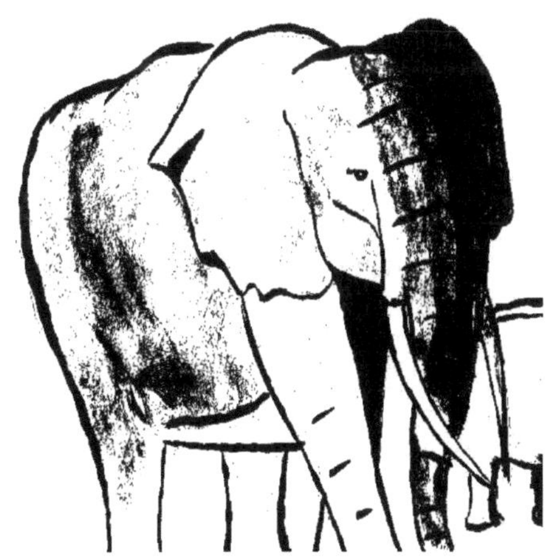

OUTIL 8.1 : MEDITATIONS : Méditation « La colère » (x)

PREPARATION (x)

- Choisissez un endroit calme et asseyez-vous sur une chaise ou sur le sol en tailleur ou assis sur vos talons.
- Regardez devant vous en ayant une attitude tonique le dos droit, vos mains placées sur les genoux ; vous pouvez préférer garder les yeux fermés surtout si vous ne pouvez avoir un grand espace devant vous.
- Calmez-vous l'esprit qui d'habitude est toujours en mouvement en fixant votre attention sur votre respiration pour l'observer comme un observateur extérieur à vous même : vous n'agissez pas et êtes le spectateur de votre respiration.
- Vous allez observer que votre mental se calme peu à peu à ne faire qu'une seule chose.
- Vous pouvez avoir besoin de cesser puis reprendre cette observation de votre respiration en vous étirant par moment.

EXERCICE (x)

- Vous êtes dans le calme assis dans la position indiquée ci-dessus.
- Imaginez une scène de colère dont vous êtes l'acteur et tentez de visualiser ce qui se passe avec tous les détails.
- Attention : vous êtes le spectateur de vous-même, prenez du recul.
- Puis imaginez-vous dans un état de paix (choisissez un cadre différent) et là aussi observez bien les détails.
- Enfin avec détermination après avoir comparé les deux aspects potentiels en vous, choisissez l'état de paix et imprégnez-vous de tout ce qui le matérialise en vous car préexistant à l'exercice, faites brûler le tableau de la scène de colère pour qu'il disparaisse en fumée.

BIENFAITS :

On se découvre capable d'être calme après la tempête.
On sort de l'exercice avec l'esprit frais et revivifié.

OUTIL 8.2 : MEDITATIONS : Donner et Recevoir(X)

EXERCICE (X)

- Vous êtes dans le calme assis dans la position indiquée ci-dessus.
- Imaginez, visualisez mentalement un groupe de personnes ou une personne connues ou inconnues que vous avez à l'instant fortement envie d'aider, celles qui vivent dans la souffrance au quotidien.
- Imaginez maintenant, visualisez dans le détail cette fois vos réactions égocentrées ou d'indifférence, de manque d'intérêt pour les autres que vous.
- Placez-vous maintenant en observateur neutre de ces deux « scènes » où vous même êtes acteur. Constatez si vous êtes calme que seul la première scène passe l'écran.
- Commencez alors à vous pénétrer des éléments qui sont votre et que vous cachez le plus souvent par manque de disponibilité. Devenez ce que vous êtes.

BIENFAITS :

- Attention : à ne pas pratiquer si vous venez récemment de donner aux autres douloureusement pour de multiples raisons.

- On se découvre capable de sortir de la logique d'un monde de l'avoir où tout presque est payant ou intéressé.
- On sort de l'exercice avec l'esprit frais et revivifié.

OUTIL 8.3 : MEDITATIONS : Méditation sur le cœur(X)

EXERCICE (X)

- Vous êtes dans le calme assis dans la position indiquée ci-dessus.
- Imaginez peu à peu en vous concentrant sur la zone de votre cœur ou de votre poitrine qu'une fleur rouge, rose ou lotus s'y épanouit peu à peu.
- Imaginez maintenant qu'un tout petit enfant se trouve là présent dans le cœur de la fleur.
- Faites se lever cet enfant. Maintenant imaginez-le tenant un soleil dans ses mains et ses pieds posés sur un croissant de lune horizontal.
- Pénétrez vous des éléments de cette scène avec calme et paix.

BIENFAITS :

- Attention : à ne pas pratiquer si vous vous sentez oppressé, ou trop oppressé.
- On se découvre capable d'un énorme potentiel affectif non perturbé.
- On sort de l'exercice avec l'esprit frais et revivifié.

OUTIL 8.4 : MEDITATIONS : méditation altruiste

EXERCICE

- Vous êtes dans le calme assis dans la position indiquée ci-dessus en vous concentrant sur la zone de votre nombril.
- Imaginez peu à peu une personne souffrante dans son corps ou/et son esprit.
- Pénétrez vous peu à peu de sa propre souffrance comme une éponge s'imbibe de l'eau qui l'entoure.
- En inspirant absorbez en vous comme un flux noir qui pénètre peu à peu au centre du corps près du nombril.
- En expirant renvoyez à cette personne un flux de lumière blanche qui calme la personne en face de vous.
- Laissez les éléments de cette scène agir avec calme et paix.

BIENFAITS :

Attention : à ne pas pratiquer en visualisant une personne avec laquelle votre relation n'est pas claire et saine. On se découvre capable d'un énorme potentiel d'aide de l'autre sans l'habituelle appréhension de retombées mal maîtrisées. On sort de l'exercice avec l'esprit frais et revivifié.

OUTIL 8.5 : MEDITATIONS : méditation sur l'esprit (x)

EXERCICE (x)

- Vous êtes dans le calme assis dans la position indiquée ci-dessus.
- Effectuez quelques cycles respiratoires profonds et lents.
- Concentrez vous maintenant sur le moment où le flux de souffle va s'inverser avant d'inspirer ou d'expirer à nouveau.
- Remarquez que, dans cette micro pose de votre respiration, l'esprit s'arrête de « penser ».
- A ce moment en vous une nouvelle clarté s'installe en vous si vous vous sentez bien calme et êtes resté spectateur du souffle. Vous êtes dans une clairière d'une forêt et une lumière réparatrice vous inonde.
- Apercevez-vous si vous continuez de pratiquer que dans ces instants d'arrêt du souffle en faite l'esprit fonctionne autrement comme si vous aviez échanger vos vieilles jumelles contre un radar tout neuf.

BIENFAITS :

Attention : pas de crainte pour vous si vous vous endormez légèrement, vous apprendrez peu à peu à être vigilant. On sort de l'exercice avec l'esprit frais et revivifié.

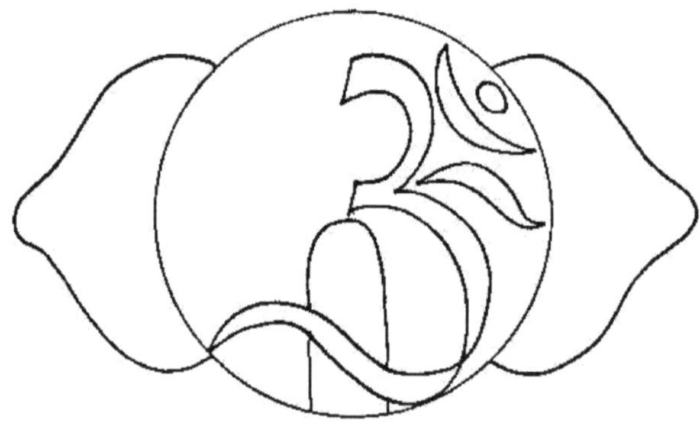

OUTIL 8.6 : MEDITATIONS : méditation pour répandre l'amour

PREPARATION

- Choisissez un endroit calme et asseyez-vous sur une chaise ou sur le sol en tailleur ou assis sur vos talons.
- Regardez devant vous en ayant une attitude tonique le dos droit, vos mains placées sur les genoux, vous pouvez préférer garder les yeux fermés surtout si vous ne pouvez avoir un grand espace devant vous.
- Calmez-vous l'esprit qui d'habitude est toujours en mouvement en fixant votre attention sur votre respiration pour l'observer comme un observateur extérieur à vous même : vous n'agissez pas et êtes le spectateur de votre respiration.
- Vous allez observer que votre mental se calme peu à peu à ne faire qu'une seule chose.
- Vous pouvez avoir besoin de cesser puis reprendre cette observation de votre respiration en vous étirant par moment.

EXERCICE

- Vous êtes dans le calme assis dans la position indiquée ci-dessus.
- Effectuez quelques cycles respiratoires profonds et lents pour régulariser votre souffle.
- Imaginez un cerf-volant et à sa queue attachez tous vos vœux matérialisés par des papiers qui les portent.
- Ceci fait convoquez autour de vous mentalement les êtres humains de tous les horizons imaginables pour vous :

Vous êtes l'arche de Noé des vivants, l'auberge « ouverte » à tous ces vœux.

- Pensez « que tous soient heureux et en paix ! »
- Visualisez leur joie et restez sur cette image.

BIENFAITS :

- Attention : n'importe quelle autre image qui vous vient à l'esprit sur ce thème peut convenir (foule dans un concert, un défilé…)
- S'apercevoir qu'on peut être une source de bien-être pour les autres.
- On sort de l'exercice avec l'esprit frais et revivifié.

OUTIL 8.7 : MEDITATIONS : méditation face à la mort (X)

EXERCICE (x)

- Vous êtes dans le calme assis dans la position indiquée ci-dessus.
- Effectuez quelques cycles respiratoires profonds et lents pour régulariser votre souffle.
- Commencez par visualiser en spectateur non impliqué la mort ayant eu lieu ou future de quelqu'un qui vous est cher.
- Sentez l'attachement que vous ressentez à la personne évoquée un attachement « racine » non « lien émotionnel ».
- Réalisez alors que cette personne n'a jamais entendu de vous que vous l'aimiez sans restriction et faites sortir de vous des flux d'amour pour elle.
- Prenez conscience que l'instant que vous vivez est hors du temps, il est éternel capable d'être plus fort que la séparation.

BIENFAITS :

- Cet exercice peut être bénéfique dans une phase de deuil ; il peut être nécessaire de le pratiquer après cette phase tout dépend de votre évolution personnelle, de votre vision du monde.
- S'apercevoir qu'on peut être une source de bien-être pour les autres, mais surtout que notre vision de notre départ ou de celui des autres nous fait rater l'essentiel :

la mort est un fait incontournable mais elle peut être mieux instrumenter par nous tous.

OUTIL 8.8 : MEDITATIONS : méditation sur l'action (x)

EXERCICE(x)

- Vous êtes dans le calme assis dans la position indiquée ci-dessus.
- Effectuez quelques cycles respiratoires profonds et lents pour régulariser votre souffle.
- Commencez par vous visualiser dans l'action au quotidien : repassez-vous la vidéo mentalement de vous dans l'action – une heure, une journée dont vous rappelez maintenant : voyez-vous vous lever, manger, marcher, ouvrir une porte, serrer une main, travailler avec les autres, franchir des obstacles : visualiser vous en action.
- Constatez devant ces images de vous-même que vous ne vous appartenez pas, que votre personne est souvent lancée dans l'action mécaniquement, que c'est vous même, mais un vous-même un peu étranger qui vous échappe.
- Maintenant repassez-vous la même vidéo mais modifiée par la nouvelle vision que vous avez acquis de vous-même comme si vous sentiez capable d'interpréter autrement votre propre rôle.

BIENFAITS :

N'ayez pas crainte d'un dédoublement de vous-même, voyez cet outil comme un enrichissement possible de votre vie quotidienne, un instrument de votre bien être. Sans vouloir vous faire jouer un personnage dorénavant vous allez être mieux dans l'action.

OUTIL 8.9 : MEDITATIONS : méditation du don ou de l'amour universel (x)

EXERCICE (x)

- Vous êtes dans le calme assis dans la position indiquée ci-dessus.
- Effectuez quelques cycles respiratoires profonds et lents pour régulariser votre souffle.
- Commencez visualiser une personne qui vous a, même ponctuellement, témoigné de l'amour dans votre vie. Saisissez cet amour évoqué au vol avec légèreté comme un objet fragile à ne pas casser, comme l'enfant universel qui est en vous, si précieux.
- Laissez fondre grâce à lui tout ce qui vous empêche de profiter de cet amour comme neige au soleil de cet amour.
- Puis commencez à tourner votre esprit vers un être auquel vous voulez donner ce que vous avez vous même reçu. Vous ne savez probablement pas comment faire exactement. Cela ne fait rien : envoyez-lui mentalement un fax ou un e-mail, un texto : « Tiens voilà de l'amour ». C'est tout.

BIENFAITS :

Attention : n'ayez pas crainte que le message n'arrive pas, vos actes parleront

Donnez, donnez, votre réservoir à don est infini et se reconstitue en permanence

Du même auteur :

Tous aux éditions Blablabla

-Romans

Avoir vingt ans quel cadeau !

Désobéir ?

Cours après moi que je t'attrape

Le ciel est à nous

- Policiers et thrillers :

Inondations

Di rififi chez les clandestins

Thriller chez les illuminés

Un étrange cadeau

Sésame ouvre-toi

Le suspect meurt deux fois

-Poèmes

L'arbre de vie et d'amour au bord de mer

-Développement :

Agir à l'écoute de soi

Le courage d'être soi

Le yoga est un jeu d'enfants

Les clés de votre vie intérieure

-Biographie : Lucifer B. un criminel ordinaire

Printed by Books on Demand GmbH, Norderstedt / Germany